AF468830

Delapart de M. Peigue.

HISTOIRE

DE

VERCINGÉTORIX.

PAR M. JACQUES RIBAULD DE LA CHAPELLE,

MEMBRE DE LA SOCIÉTÉ LITTÉRAIRE DE CLERMONT-FERRAND, AVOCAT A GANNAT.
(ALLIER.)

PUBLIÉE,

PAR *J.-B: PEIGUE*, AVOCAT,
AVEC UNE NOTICE SUR L'AUTEUR ET SUR SES ÉCRITS.

VERCINGÈTORIX, Prince dont la taille, les armes et la fierté de courage, inspiraient la terreur, et dont le nom même avait quelque chose d'effrayant.

(FLORUS. *Abrégé de l'Histoire Rom.*)

PRIX : 2 FRANCS.

A CLERMONT-FERRAND, chez THIBAUD-LANDRIOT, Imp.-Lib.
A RIOM, chez THIBAUD, FILS, Imp.-Lib.
A MOULINS, chez DEROSIERS Imp.-Lib.
A GANNAT, chez FÉLIX BOURROUX, Lib.
1834.

HISTOIRE

DE

VERCINGÉTORIX.

HISTOIRE

DE

VERCINGÉTORIX.

[PA]R M. JACQUES RIBAULD DE LA CHAPELLE,

[MEMBRE] DE LA SOCIÉTÉ LITTÉRAIRE DE CLERMONT-FERRAND, AVOCAT A GANNAT. (ALLIER.)

PUBLIÉE,

PAR J.-B: PEIGUE, AVOCAT,

AVEC UNE NOTICE SUR L'AUTEUR ET SUR SES ÉCRITS.

VERCINGÈTORIX, Prince dont la taille, les armes et la fierté de courage, inspiraient la terreur, et dont le nom même avait quelque chose d'effrayant.

(FLORUS. *Abrégé de l'Histoire Rom.*)

CLERMONT-FERRAND, chez THIBAUD-LANDRIOT, Imp.-Lib.

A RIOM, chez THIBAUD, FILS, Imp.-Lib.

A MOULINS, chez DEROSIERS Imp.-Lib.

A GANNAT, chez FÉLIX BOURROUX, Lib.

1834.

Si je me suis décidé à publier le *Mémoire historique et politique sur le caractère et les actions de Vercingétorix*, ce n'est pas par le désir de mettre en évidence mon modeste et timide patronage, mais bien pour faire connaître au public l'œuvre d'un de mes compatriotes, qui fut dans son temps, une des plus brillantes gloires littéraires de la province du Bourbonnais.

J'ai pensé en outre que cet écrit intéresserait le lecteur, non seulement parce qu'il est le fruit de savantes recherches, mais encore parce qu'il retrace avec une admirable exactitude et en traits caractéristiques, les exploits du fier et vaillant adversaire deJules César.

Alphonse de Beauchamp, auteur de la vie de Jules César, avait d'abord conçu la pensée de la faire insérer dans la biographie universelle, mais après avoir approfondi tous les détails qui se rattachaient à la vie de cet étonnant capitaine, après avoir confronté et combiné les versions des différents biographes, après les avoir conférées avec les parties de l'histoire générale et avec les monuments contemporains qui ont rapport à ses exploits et aux circonstances de sa vie entière, Beauchamp, fut convaincu que jamais on n'aurait une biographie de Jules César, complète, si l'on n'y enchaînait les faits militaires avec les événements politiques.

Ces considérations historiques le déterminèrent donc à publier séparément, en 1823, la vie de Jules César. Son livre fut accueilli par les savants avec tout l'intérêt et la curiosité que dût exciter le talent d'un écrivain qui avait fait, à-la-fois, une étude minutieuse et large, du caractère, du génie et des merveilleux exploits du héros romain.

Si la vie de Jules César a offert assez d'attrait pour diriger dans l'intérêt de l'histoire et des lettres, un esprit élevé et une plume hardie, la vie de Vercingétorix, son redoutable rival, ne devait-elle pas être aussi le sujet d'un livre à part? Oui assurément, car ce chef des Gaulois qui a donné l'exemple d'un grand et noble dévouement pour tenter d'affranchir sa patrie de la domination d'un conquérant opresseur, était bien digne de stimuler l'attention d'un écrivain capable de recueillir ses hauts faits et de les exposer au grand jour.

Avant de dire quelques mots de plus sur l'ouvrage de M. Ribauld de la Chapelle, je veux retracer ici, comme prolégomènes de la vie de Vercingétorix, le portrait qu'en a fait Alphonse de Beauchamp, dans la vie de Jules César :

« Vercingétorix élevé dans les montagnes de l'Auvergne, avait contracté dans son enfance l'habitude d'une vie rude et frugale. Instruit dans l'art de la guerre et à l'école du malheur, par son père victime d'une faction qui l'accusa d'aspirer à la tirannie, ce chef des Gaulois eut peut-être étonné le monde par ses hauts faits, si les précieux germes que la nature avait mis en lui, avaient pu être développés par l'éducation. Tout indique d'ailleurs qu'il possédait les principales qualités d'un chef de parti ; et à la manière dont les semenees d'une insurrection générale, furent répandues parmi les peuples les

» plus belliqueux de la Gaule, on voit » qu'une main habile conduisit toute cette » trame. »

Certes, un tel homme que les Gaulois, après des revers continuels, choisirent pour commander seul les divers peuples de la Gaule, brûlant d'impatience de secouer le joug sous lequel leur fierté ne pouvait fléchir, et qui lutta si audacieusement contre les légions romaines, méritait bien d'avoir, comme son vainqueur, un livre à part. Ce livre, M. Ribauld de la Chapelle, l'a écrit en 1752; selon le témoignage du père le Long, il y a réuni en un seul tableau, tout ce que l'histoire nous apprend sur la guerre de César dans les Gaules. Je le publie, ce livre, avec la pensée que l'auteur presque oublié dans sa province natale même, méritait un souvenir d'admiration, par les divers genres de travaux auxquels il s'est livré, de la part d'un compatriote qui appartient, comme il a appartenu lui-même, à la carrière du barreau.

PEIGUE, AVOCAT.

Gannat, (*Allier*) le 1er. Août 1834.

NOTICE.

Jacques RIBAULD de Rochefort, puis Ribauld de la Chapelle, écuyer, seigneur de la Chapelle d'Andelot, en Bourbonnais, avocat et membre de la société littéraire de Clermont-Ferrand, naquit à Gannat, (Bourbonnais) le 12 février 1704 et y mourut en 1781. Il avait atteint sa douzième année sans avoir acquis la plus simple notion de la lecture; jusques là, il n'avait manifesté de goût que pour les arts mécaniques. Son père voulant le diriger vers un but plus en harmonie avec sa condition sociale, confia l'éducation de cet enfant à un précepteur habile qui le guida favorablement dans les voies intellectuelles et le mit bientôt à même d'entrer au collége des jésuites de Clermont-Ferrand. Ce jeune élève s'étant livré à ses études avec un zèle constamment soutenu, attira sur lui spécialement, l'attention de ses savants professeurs, et acquit même leur bienveillante amitié. Dès qu'il eut terminé ses humanités, il alla étudier le droit, à l'université de Paris, où il fut reçu licencié en lois. Rentré au sein de sa famille, il exerça dans sa ville natale la profession d'avocat avec un esprit de douceur, de conciliation et de désintéressement, qui lui valut de nombreux témoignages de reconnaissance et de considération. Le 27 juin 1745, il épousa demoiselle Anne-Elisabeth de Chauvigny de Blot, alliée à la maison de Bourbon, et dont il eut dix enfants. Depuis son retour de Paris, où il avait reçu d'heureuses inspirations en fréquentant les savants, une propension plus chaleureuse pour l'étude des belles lettres et des sciences, ne cessa pas de le dominer; mais ce ne fut pas sans de puissants efforts qu'il parvint à acquérir des connaissances aussi étendues que variées. Voici ce qu'il dit lui-même, à cet égard, à l'âge de 73 ans dans un écrit sur la généalogie de sa famille:

« Les inquiétudes, les traverses, les orages, sont » l'appanage des pères de famille; rien n'était plus » opposé au goût que j'ai eu dans ma jeunesse pour » les sciences et les belles lettres; je ne sais comment » j'ai pu le conserver. Quand on a pris une forte » inclination pour quelque chose, il semble que rien » ne puisse la surmonter, témoin ce poëte à qui » Boileau fait dire »:

Riche ou gueux, triste ou gai, je veux faire des vers.

Il envoya quelques unes de ses productions aux membres de la société littéraire de Clermont-Ferrand, qui, y découvrant une grande étendue de savoir, s'empressèrent de le nommer lui-même membre titulaire de ce corps académique, convaincus qu'ils étaient de trouver en lui un savant collaborateur. C'est après avoir mérité un aussi insigne honneur, que l'activité de son esprit prenant un essor plus laborieux encore, il s'appliqua constamment à sonder les annales de l'histoire, à exhumer de l'oubli des faits intéressants, à expliquer ou à éclaircir d'autres faits obscurs ou controversés et à jeter ainsi de nouveaux rayons de lumière dans les travaux littéraires et scientifiques de la compagnie dont il était un des membres les plus érudits. Il était d'autant plus capable de répondre aux suffrages et à la haute confiance de ses collègues qu'il connaissait les langues anciennes et modernes : il écrivait en Grec avec assez de facilité; il écrivait élégamment en Latin; les langues Anglaise et Italienne lui étaient très familières. Indépendamment de ces avantages littéraires, il en possédait encore d'autres non moins remarquables: il était très versé dans les sciences exactes; les mathématiques, la physique la géologie étaient pour lui autant de sources où il venait puiser la solution d'un problême sur des faits douteux ou contestés. Il connaissait aussi la musique et était à même de juger une partition plus ou moins compliquée, car il était lui-même assez habile compositeur. Il fut en corespondance avec plusieurs membres de diverses académies et favorisa de son concours et de ses lumières la société naissante de littérature et d'histoire de France de la ville de Moulins. Il paraîtrait même qu'il eut des relations suivies avec le père le Long qui a coté dans sa bibliothèque historique de la France plusieurs de ses ouvrages manuscrits et non encore imprimés. Enfin, Jacques Ribauld de la Chapelle, reçut de l'évêque de Soissons le 27 juin 1737, une médaille en argent, comme un témoignage de son estime, de sa considération et de ses sentiments pour lui au sujet d'un ouvrage en latin ayant pour titre: *Dissertatio Suessonica*, dont il était l'auteur et qu'il avait adressé à l'académie de Soissons.

Au surplus, voici le catalogue de ses ouvrages connus; il donnera une idée exacte de la vaste érudition de cet écrivain.

I. MÉMOIRE sur le port Itius de César. Ce mémoire dans lequel l'auteur soutient que *Calais* doit être l'ancien port Itius, est imprimé à la fin des mémoires sur quelques villes et provinces de France. -- Paris, 1766, in-12, coté N° 310, dans la bibliothèque historique de la France.

II. MÉMOIRE historique et politique sur le caractère et les actions de Vercingétorix. Coté N° 3895, dans la bibliothèque historique de la France. Imprimé à Gannat, 1834, in-8°., chez Gouinfaure-Arthaud. M. Gonod, conservateur de la bibliothèque de Clermont-Ferrand, possède le manuscrit.

III. DISSERTATIO SUESSONICA. Cotée N° 4071 dans la bibliothèque historique de la France. On ne sait pas si cette dissertation à été imprimée ; elle doit être dans les archives de la ville de Soissons.

IV. DISSERTATION sur l'époque de l'établissement du christianisme en Auvergne. Coté N° 4076 dans la bibliothèque historique de la France. Elle n'à pas été imprimée. — Le manuscrit est entre les mains de M. *Gonod*, conservateur de la bibliothèque de Clermont-Ferrand.

V. LETTRE écrite par M. *R. D. G.* (*Ribauld de Gannat*) en Bourbonnais, au sujet des étrennes. Cette lette est imprimée dans le Mercure du mois de juillet 1735.

VI. DISSERTATION sur l'origine des Francs, sur leur établissement dans la Gaule; sur le tombeau de Chilpéric I., sur la milice des anciens Francs, sur des dons gratuits de l'ancienne noblesse, sur une lettre de St.-Rémy à Clovis ; et réfutation du systéme de M. Eccard, sur l'autorité de nos premiers Rois. -- Ce recueil forme avec une *Histoire abrégée des Rois de France, en vers*, un volume in-8°. -- Paris, chez Chaubert, 1748. Elle est cotée N° 15,591, dans la bibliothèque historique de la France.

Le père le Long cite plus loin cette histoire de France en vers, de M. Ribauld, sous le N° 15,858. (*Voyez le Recueil des pièces d'histoire et de littérature, publié par l'abbé Granet. Paris, chez Chaubert, 1731, in-12. T. III.*)

VII. DISSERTATIONS sur le règne de Clovis, imprimées à Paris en 1741, in-8° — Elles sont au nombre de quatre. Les journaux littéraires du temps en firent mention et en donnèrent des analyses. Elles sont cotées N° 16,035 dans la bibliothèque historique de la France.

VIII. DISCOURS sur la première croisade, prononcée dans la salle d'assemblée de la société littéraire de Clermont-Ferrand, le 25 du mois d'août 1755, en présence de MM. du Parlement.

Les preuves essentielles de ce discours fort étendu, ont été tirées du Recueil : *Gesta Dei per Francos*. Il est coté dans la bibliothèque historique de la France N° 16,578, sous la dénomination de *Dissertation* sur la première croisade. Il n'a pas été imprimé. Le manuscrit est entre les mains de M. Gonod, conservateur de la bibliothèque de Clermont-Ferrand.

IX. DISSERTATION sur l'origine du Culte de Mercure dans les Gaules. Elle n'a pas été imprimée. Le manuscrit est entre les mains de M. Peigue, avocat à Gannat.

X. DISSERTATION ainsi intitulée : Pourquoi les descendants de Charnagne, princes ambitieux et guerriers, ne purent se maintenir aussi long-emps sur le trône des Français, que les faibles successeurs de Clovis. Elle n'a pas été imprimée. le manuscrit est entre les mains de M. Peigue.

VOYAGE en Suisse par Addesson, traduit de l'Anglais, par Ribauld de a Chapelle. Le manuscrit a été envoyé en 1777 à la société littéraire de Clermont-Ferrand. On ne sait pas si cette traduction a été imprimée.

XII. TRADUCTION, par le même du Discours de Machiavel, sur les onjurations. Le manuscrit a été envoyé en 1777 à la même société, en même temps que le précédent. On ne sait pas si elle à été imprimée.

XIII. DISSERTATION sur l'exil d'Ovide.

XIV. EXPLICATION de la IV. Eglogue de Virgile. L'auteur assure qu'après ille commentaires, il a prouvé que cette pièces en demandait un nou-eau, et dit avoir ajouté de sa main une note qu'il croit absolument écisive pour la vérité de son opinion. M. Ribauld de la Chapelle a dressé en 1777 à la société littéraire de Clermont-Ferrand les seuls exemplaires qui lui restaient de ces deux derniers écrits pour être déposés ans les archives de la société avec deux autres petits ouvrages, l'un sur *état des personnes en France sous les deux premières races de nos Rois*, autre sur la *culture du peuplier*. On ne sait pas si ces divers écrits ont é imprimés.

XV. DISSERTATION sur l'origine et les premiers progrès de la monar-hie française. On trouve l'analyse de cette dissertation et un supplément rt court à cette même dissertation, dans le journal des savants imprimé 1 1749.

XVI. OBSERVATIONS sur différentes parties des mathématiques. Ces bservations écrites en 1777, devaient former un recueil pour être adressé la société littéraire de Clermont-Ferrand. On ignore si l'auteur l'a effec-vement adressé.

XVII. DISSERTATION sur des armes anciennes et des trophées de cuivre ouvés à Jenzat en Bourbonnais, sur les confins de l'Auvergne. Cette issertation lue en 1759 à l'assemblée publique de la société littéraire e Clermont-Ferrand, à dû être conservée dans ses registres. On en trouve n extrait dans le Mercure de 1759. -- L'auteur qui donne son sentiment que omme une conjecture, augure de la forme des épées qui, quoique faites ans la proportion de celles des Romains, sont d'un métal différent de elui dont il se servaient; d'une poulie en cuivre très bien travaillée et es autres monuments qui ont été réunis dans le même lieu, qu'ils ont été aits pour célébrer par des trophées, une victoire remportée par les Au-ergnats sur les ennemis. (*Voyez le N° 37,477, de la bibliothèque histo-ique de la France.*)

L'auteur dit, en outre, dans une lettre, qu'il a envoyé ces objets antiques à M. Trudaine avec sa dissertation qui était conforme à l'opinion de M. le comte de Caylus et qu'il a été frustré de la gloire de la découverte. Il ajoute que les deux roues ou plutôt les deux poulies n'avaient qu'un pied de diamètre et que dans sa pensée, elles servaient à l'artillerie des Romains. — Il dit de plus, dans la même lettre, qu'il a traité beaucoup d'autres articles qui ont rapport à l'ouvrage de M. Bullet, dans quelques dissertations insérées sans nom d'auteur dans divers journaux du temps.

Les diverses biographies que j'ai consultées ne disent rien de ce laborieux et savant écrivain, qui, comme on vient de le voir, s'est exercé dans plus d'un genre. M. de Coëffier de Moret seul parle de lui d'une manière très brêve dans son histoire du Bourbonnais. (1) Il dit qu'il a traduit quelques morceaux d'Ovide et de Virgile, mais tous les documents que j'ai consultés se taisant sur ce fait, j'en conclus que cette énonciation est au moins hasardée.

Pour justifier divers faits consignés dans cette notice : je me suis déterminé a publier plusieurs lettres qui ne seront das décolorées d'intérêt auxyeux du lecteur; elles sont littéralement conformes auxoriginaux que j'ai entre mains.

PEIGUE, AVOCAT

(1) Tome 11, page 344.

LETTRE DE M. DUFRAISSE,

CHANOINE DE LA CATHÉDRALE DE CLERMONT-FERRAND.

A monsieur Ribauld de la Chapelle, avocat à Gannat.

MONSIEUR,

Nous procédâmes le 12 de ce mois au choix des ouvrages qui doivent être lus dans l'assemblée publique qui se tiendra, suivant l'usage le 25e. du mois d'aoust prochain. Votre mémoire sur *Vercingétorix* fut choisi pour être lu dans cette assemblée, et M. de Féligonde secrétaire de notre académie, a l'honneur de vous écrire à ce sujet; je vous envoye le catalogue de tous les ouvrages qui ont été lus dans toutes nos assemblées; vous y verrés le progrès que nous avons fait; il a été imprimé pour pouvoir choisir plus facilement les mémoires qui peuvent concourir pour les assemblées publiques et pour l'impression. Les originaux doivent être réunis entre les mains du secrétaire qui travaille actuellement à les recueillir. Il doibt les communiquer aux associés sous leurs récépissés pour que chacun puisse faire ses observations, et il travaille aussi a les extraire pour les insérer dans nos registres.

Je vous envoye aussi le prémier recueul que nous avons fait imprimer, peut-être l'avez-vous déjà veü; je vous prie d'y faire vos observations soit pour le fond des matières, soit pour le langage, vous me ferez même plaisir, monsieur, de m'envoyer les observations que vous aurés faites, pour pouvoir les communiquer à la prémière assemblée qui se tiendra le 15e juin prochain; monsieur l'évêque et monsieur de Moras assistèrent à la dernière assemblée, et vottèrent pour le choix des ouvrages. On y lut votre mémoire pour la 2e. fois et il fut choisi. On y lut aussi deux mémoires, l'un sur le fameux pont de Vielle-Brioude, par M. Dijon ; il est éttonent qu'on crut ce monument de la 1re. antiquité; M. Dijon en raportat le prix fait ; il est du reigne de Charles VIIe. On y lut aussi un mémoire sur la vie et sur les ouvrages de M. l'abbé Bannier de Dalet, en Auvergne.

Monsieur de Nantigny m'a fait l'honneur de m'écrire pour me remercier des mémoires que je luy ay envoyé, je vous assure que si peu de chose ne méritoit pas son attention; je suis confus de tant de politesses, j'orai l'honneur de luy faire réponse et de lui communiquer quelq'autres observations.

Je suis avec un respectueux attachement,

Monsieur,

Votre très-humble et très-obéissent serviteur :

DUFRAISSE.

A Clermont ce 24e. may 1752.

N. B. . Du fraisse est auteur de *l'origine des églises de France*, prouvée par la succession de ses évêques avec la vie de Saint-Austremoine, premier apôtre et Primat des Aquitaines. -- Cet ouvrage imprimé a Paris en 1688, in-8° est dedié à messeigneurs les archevêques et évêques de l'église de France.

LETTRE DE L'ÉVÊQUE DE SOISSONS,

A M. Ribauld de la Chapelle avocat, à Gannat.

A Paris, ce 27 juin 1737.

Quoique nous n'ayons pu, monsieur, accorder à votre dissertation nos suffrages pour le prix de l'académie de Soissons, à cause de son étendue qui passoit trop les bornes prescrites par les affiches, nous l'avons lue avec grande attention et luy avons donné tous les éloges quelle mérite: vous verrez dans l'avertissement que la compagnie s'est cru obligée de faire imprimer à la tête des trois dissertations qu'elle donne cette année au public, parmi lesquelles vous reconnoîtrés la vôtre, tout le cas qu'elle en a fait. Mais permettez moi de vous représenter que quoy que votre manière d'écrire en latin ait tout ce qui peut flatter le goust des sçavans, quoy que vos pensées soient nettement et intelligiblement rendues, vos tours simples et, nobles tout ensemble, vos expressions pures et correctes, vos termes choisis sans affectation, en un mot quoy que votre style soit beau et absolument propre à ce genre d'écrire, vous privez de lire vos ouvrages quantité de gens auxquels la langue latine n'est pas aussi familière qu'à vous; outre l'affection qu'on a pour sa langue naturelle, une langue étrangère demande une plus grande application, et souvent pendant qu'on s'occupe à étudier, ou même si vous voulez à admirer un tour ou une expression, on perd le fil du discours, ou du moins on est moins sensible à la curiosité d'une recherche historique et à la force du raisonnement, parties les plus essentielles d'une dissertation critique. Nous avons apris par vos lettres à M. le président de Beyne, secrétaire de l'académie, que vous sçavez aussi bien vous exprimer en françois qu'en latin, ce qui me fait juger qu'il seroit plus utile au public que vos ouvrages capables en même temps de satisfaire les sçavans et d'instruire ceux qui quoyqu'amateurs des lettres pourraient être moins éclairez, fussent écrits en une langue également connue de tout le monde.

Comme en acceptant la proposition que je fis, il y a quatre ans, à l'académie de donner chaque année, tant que j'aurois l'honneur d'occuper le siége de Soissons, une médaille d'or à celuy qui remporteroit le prix sur des sujets concernant l'histoire du Soissonnois qu'elle indiqueroit tous les ans, elle ne m'a pas oté la faculté de donner quelque marque de distinction à un auteur tel que vous qui, pour les raisons exprimées dans l'avertissement dont je vous ay parlé au commencement de ma lettre, n'auroit pu obtenir le prix, trouvez bon que je vous envoye une médaille d'argent que j'ay fait frapper exprès pour vous, semblable à celle d'or. N'en considérés je vous prie ni le métail ni la valeur; recevez ce petit présent, non comme le prix de votre dissertation, mais comme un gage de mon estime et de ma considération pour vous, et comme un témoignage des sentimens avec lesquels je suis,

Monsieur,

Votre très humble et obéissant serviteur:

†. C. Fr. Ev. de Soissons.

LETTRE DE M. DE LA PORTE, DE MOULINS.

A monsieur Ribauld de la Chapelle, avocat, à Gannat.

À Moulins, le 8 janvier 1742.

Je n'ai pas voulu confondre, monsieur, le remerciment que je vous devois avec les compliments vulgaires de ce moment cy; celui que j'ay reçu de vous, quoiqu'en huit lignes, ma plus flatté que les phrases longues et recherchées dont mes prémières lettres ont été remplies. Je m'y trouve trop loué, et c'est le seul reproche que je puisse vous faire. Mais tout est permis à qui se sert aussi élégamment que vous du talent de bien dire.

> .... Pictoribus, atque poëtis,
> Quidlibet audendi, etc.

Il faut donc malgré soy approuver tout ce qu'il vous a plu de dire, fondé sur une prévention qui m'est trop avantageuse, et sur l'habitude des fictions.

Ce n'en sera pas une que de vous faire part du degré de consistance que commence à prendre la société de littérature et d'histoire de France, que j'ay essaïé, il y a quelques mois, d'établir à Moulins, et à laquelle vous m'avez promis de prendre part, elle n'est quant à présent composée que de huit personnes :

M. de St.-Mesmin,
M. de Lasserée ,
M. de la Matherie ,
Le père Petit, jésuite ,
M. de la Jonchère,
M. de Montmerquet,
M. Vialet et moi.

Sauf à augmenter le nombre quand les bons sujets se présenteront, ou que du moins, ils se laisseront appercevoir.

La prémière séance se tint le lundi 4 décembre 1741 ; et on commença par envisager la matière à laquelle chacun se proposoit de donner son application, et par prévoir d'un prémier coup d'œil les matériaux dont on pourroit avoir besoin. Chacun promit en se retirant de réfléchir plus mûrement sur le choix qu'il étoit en état et en volonté de faire, et d'en venir rendre compte à la prochaine séance de l'assemblée littéraire. Je m'engageai solennellement à procurer à mes confrères de littérature tous les livres de ma bibliothèque dont il pourroient avoir besoin pour la partie qu'ils embrasseroient. Le 18 décembre, jour de la seconde séance, chacun à la réserve de la Jonchère qui s'est déterminé depuis, vint annoncer à l'assemblée son choix, et son plan de travail; je me chargeai des fonctions de secrétaire, et je rédigeai ce que je vous envoie pour vous instruire de notre objet ; je vous prie de me le renvoïer quand vous l'aurés lû. Je n'ai que celui-là.

Je vous prie aussi, monsieur, de vous joindre à nous en qualité d'associé correspondant , de trouver bon que je vous demande au nom de la société, et au mien tous les secours que vous êtes plus capable que personne de nous procurer.

Nous tinmes le lundi 8, la troisième séance. J'y lus un morceau de moi, sur les notions les plus communes qui nous restent des finances et du commerce des Grecs et des Romains. Comme je me charge de traiter toutes les parties d'histoire de France qui concernent les finances et le commerce intérieur du royaume, je crus qu'un traité sur celles des anciens, y serviroit d'avant-propos. Je lirai à la prochaine séance un autre morceau sur les monnoies des 2 prémières races.

Pendant ce temps-là nos messieurs ont le temps de préparer leurs lectures qui commenceront pour eux au mardi 6 mars.

Voila, monsieur, le compte que j'ay cru devoir vous rendre de nos amusements littéraire ; lumières, secours, concours et fraternité, c'est ce que je vous demande pour nous ; je vous offre en reconnaissance l'attachement le plus sincère, et toute l'estime avec laquelle j'ay l'honneur d'être,

Monsieur,

Votre très-humble et très-obéissant serviteur:

DELAPORTE.

Je ne puis me résoudre, monsieur, à laisser partir la lettre de M. Delaporte sans vous assurer que je suis sensible au delà de tout ce que l'on peut dire a l'honneur de votre souvenir; je n'ajouteray pas à une lecture de littérature telle que cette lettre, les assurances de ma parfaite estime, pour ne point vous faire tomber d'un sy grand objet à un aussy petit, que les sentimens d'une femme.

CAUMARTIN-DELAPORTE.

LETTRE ÉCRITE LE 2e. SEPTEMBRE 1752, PAR M. RIBAULD DE LA CHAPELLE,

A monsieur DU TOUR, *seigneur de Chatel-sur-Chier et de Salvert, correspondant de l'académie des sciences, à Riom.* (1)

MONSIEUR,

C'est dans le Mercure de France du mois de juin, 2e. volume, qu'on trouve les réflexions de M. l'abbé Nollet, sur les nouvelles expériences. J'ay l'honneur de vous l'indiquer parcequ'il m'a paru que la lecture de ce morceau vous ferait plaisir.

---

(1) M. du Tour, est auteur de plusieurs ouvrages très estimés.

Charmé comme vous, monsieur, du mémoire de M. Garmage, il me reste beaucoup de doute sur l'existence de son volcan. Je me suis rappelé que l'espèce de machefer qu'on nous produisit, il a huit jours, est une indication de mine de fer. Cela joint à ce que M. de Montrodez m'a fait l'honneur de me dire qu'on a travaillé anciennement à des mines de fer du côté de sa terre, m'a fait penser que les entonnoirs et les excavations qu'on voit auprès du Pui-de-Dôme, sont peut-être l'ouvrage de ceux qui ont fouillé ces mines. C'est par le moyen du fer que l'architecture gothique qu'on appelle moderne, a trouvé le secret d'Allier la solidité à la hardiesse. On le reconnaît par la démolition de ces édifices, où il ne se trouve pas une pierre au-dessus des massifs, qui ne soit scellée en plomb avec des boulons ou des goujons de fer. Il dut en entrer beaucoup dans la construction de l'église cathédrale de Clermont, et il était plus naturel de les tirer des montagnes voisines, dès quelles en fournissaient, que de le faire venir de loin. Toutes ces petites pierres noires, qu'on nous a fait voir, ont aussi un rapport très-marqué à ce minéral. L'église d'Auvergne bâtie, on négligea les mines de fer du Pui-de-Dôme et des environs. J'ay lu que les soupiraux du vésuve sont des précipices affreux qui n'offrent que des monceaux de cendres, au lieu que les entonnoirs en question, sont taillés régulièrement et tapissés de verdure. Ces excavations ont donc été faites de main d'homme et il est inutile pour en rendre raison, de recourir à des hypothèses violentes.

MÉMOIRE

HISTORIQUE ET POLITIQUE

SUR

LE CARACTÈRE

ET

LES ACTIONS

DE

VERCINGÉTORIX.

VERCINGÉTORIX avoit les qualités qui ſont les grands capitaines : l'activité, la fermeté, un génie étendu, fécond en expédients et en resources. Un seul défaut, la précipitation, rendit tant de vertus inutiles.

Celui qui auroit dû être l'écueil de la gloire de César, devint par sa faute, l'ornement de son triomphe.

Il y avait déjà six ans que César appelé dans la Gaule par les Eduens (1) pour rétablir l'équilibre entre eux et les Auvergnats, s'était attribué sous ce prétexte, une autorité absolue, non seulement sur les Éduens, mais dans les provinces septentrionales de la Gaule. Il avait changé a son gré leur gouvernement. Là il avait donné des Rois, des chefs et des magistrats; ici, il en avait destitué pour mettre ses créatures à leur place, attentif surtout à diminuer l'autorité des grands, et à punir ceux qui se déclaroient contre lui. Accon, seigneur Chartrain, en fit entre autres une cruelle expérience, car il le fit fouetter de verges et ensuite décapiter. (2)

Les Auvergnats regardoient ces scènes sanglantes du haut de leur montagne de *Gergobia* (3) et n'osoient par prudence s'y intéresser. Leur faction affoiblie ne pouvoit plus balancer la fortune des Romains. La politique adroite de César avoit su rompre la chaîne qui unissoit les Gaulois : l'honneur de la patrie n'étoit plus le motif qui les animoit. Ambiorix, Roi des Eburons, par une perfidie qui lui avoit réussi, avoit mis les chefs des autres états à portée de profiter de la faute que César avait faite de trop écarter ses légions; il avoit compté que les Gaulois les attaqueroient

(1) Peuple du duché de Bourgogne.

(2) De Bell. Gall. lib. 6, cap. 43.

(3) On verra plus loin pourquoi il faut écrire *Gergobia* et non *Gergovia*.

et les détruiroient les unes après les autres. Mais il se vit si mal secondé, qu'il prit en habile homme le parti de s'enfoncer dans les Ardennes et d'abandonner la Gaule à son mauvais sort. (1)

Il y avait alors, comme il y a toujours eu, de bonnes têtes et de grands hommes de guerre, en Auvergne; (2) ils voyoient un général habile et heureux, prêt à fondre sur les provinces qui feroient quelques mouvements; ils ne vouloient point fournir de prétextes à l'ambition de ce conquérant, mais ils réservoient leurs forces et celles de leurs alliés, pour les lui opposer au cas qu'il vint les attaquer, ou pour en faire quelque usage avantageux à leur patrie, si la fortune en faisoit naître les occasions. L'essentiel étoit de ne pas les saisir trop légèrement. Un événement imprévu divisa les Auvergnats à cet égard.

L'an de Rome, 702, Scipion Milon et Hypsée se trouvèrent en concurrence pour le consulat. Clodius croisoit Milon, et ces deux rivaux qui se cherchoient se rencontrèrent enfin sur la voie appienne le 3 de février. (3) Milon attaqua et tua son adversaire; ce meurtre causa de grands désordres dans toute l'Italie. Pour les appaiser, on nomma Pompé, seul consul pendant cette année, avec le pouvoir de se choisir un collégue. Il se hâta de prendre Scipion pour adjoint, de peur

---

(1) Lib. 5. Cap. 26 et Seqq.

(2) Tellus clara Viris. Sidon Appoll. Carm. VII.

(3) Cette date répondait alors au 15 ou au 20 novembre.

d'être obligé de partager avec César l'autorité de sa charge. (1) Pompé nomma ensuite des commissaires pour juger Milon en dernier ressort, et cet accusé, quoique Cicéron, se fut chargé de sa défense, ne put éviter l'exil. Clodius quoique violent et débauché, s'étoit fait beaucoup de partisans qui vouloient venger sa mort; Rome et l'Italie étoient remplies de factions.

Ces troubles interrompirent les assemblées du sénat. Les Gaulois qui surent ces nouvelles y ajoutèrent des circonstances qui firent espérer aux ennemis de la république, que César ne pourroit pas se rendre à son armée, et que le moment de rétablir la liberté des Gaules étoit arrivé. (2).

Les grands dont César, avoit abaissé la puissance, s'assemblèrent dans des bois écartés, et commencèrent à délibérer avec plus de hardiesse sur les moyens de chasser les Romains de la Gaule. Un désir de vengeance. avoit enflammé les Chartrains; ils donnèrent l'exemple de la révolte: ils entrèrent dans Orléans et massacrèrent les citoyens Romains que le commerce y avait attirés; ils n'épargnèrent pas même l'Intendant de l'armée romaine ; le bruit s'en répendit en Auvergne en moins de quinze heures de temps. (3).

Vercingétorix étoit alors le seigneur le plus puissant qu'il y eut dans cette province. Il était fils de Celtillus,

(1) Dio. Hist. Lib. 40.

(2) De Bell. Gall. lib. 7 cap. 1.

(3) Lib. 7 Cap. 3.

jui avait été prince ou chef de toute la Gaule, *Cujus ater principatum totius Galliæ obtinuerat*, et que les Auvergnats qui ne voulaient plus de Rois, avoient fait mourir parce qu'il aspiroit à ce rang suprême. La même ambition qui avoit passé dans les veines du fils, l'entraîna dans la faction des Chartrains. Comme il avait un grand nombre de vassaux, il les assembla, et les engagea à entrer dans ses vues. Cette démarche inconsilérée déplut à Gobanition, son oncle, et aux seigneurs es plus sages du pays; ils prirent les armes contre lui t le firent sortir de Gergobia.

Ce fut sans doute moins la jalousie, que la prudence qui inspira à Gobanition ce parti violent contre son ieveu. Celui-ci que les difficultés n'effrayoient point, l'en devint que plus ardent à poursuivre son dessein. l ramasse dans la campagne tout ce qu'il put trouer de vagabonds, se met à leur tête, son armée grossit à vue d'œil, il rentre dans Gergobia, en fait ortir ses ennemis à leur tour, et se fait donner le titre le roi: *Rex ab suis appellatur.*

Cette action hardie fut soutenue par des mesures de olitique les mieux concertées: il envoie des embasadeurs en tous lieux, séduit en peu de temps les Senonois, les Parisiens, les Cadurques (1) les Tourangeaux, les Aulerques, (2) les Limousins, les Angerins et les autres peuples voisins de l'Océan: ils

(1) Le Querci.

(2) Le Maine, le Perche.

l'élisent pour chef d'un consentement unanime. Revêtu de ce pouvoir il exige d'eux des otages pour s'assurer de leur fidélité, fixe les troupes qu'ils doivent lui fournir et s'attache à avoir beaucoup de cavalerie. Il joint la sévérité à la vigilance, condamne au feu et aux supplices les plus cruels, ceux qui commettent des crimes. Pour des fautes légères, il fait couper les oreilles ou crever les yeux aux soldats, et les renvoye chez eux en cet état, pour servir d'exemple aux autres.

Une si grande rigueur a quelque chose qui révolte l'humanité; mais la conduite du général gaulois est justifiée par l'exemple des plus grands capitaines, et par les circonstances où il se trouvoit: son armée étoit composée en partie de gens accoutumés au brigandage, et d'autres dont la volonté et la fermeté n'étoient rien moins qu'inébranlables. Qu'auroit-il fait s'il n'avoit pas appelé la sévérité à son secours? C'est une maxime de politique que la sévérité fait plus d'effet que la douceur, en matière de commandement. (1) Dans un point aussi essentiel, que de réunir les forces et les esprits des Gaulois, pour la défense de leur liberté, une discipline exacte et sévère étoit un parti indispensable.

Les peuples des duchés de Bourgogne et de Berri, n'avoient pas voulu se déclarer contre César; Vercingétorix prit le parti de marcher contre ces derniers; mais en même temps il détacha une partie de son armée pour aller dans le Rouergue, sous les ordres de Luctérius, seigneur de Querci, génie vif et entrepre-

---

(1) In multitudine regenda plus valet pœna, quam obsequium. (Tacit.)

nant, à qui il donna ordre de faire une invasion dans la province romaine. Cette commission fut bien exécutée : le Gévaudan et l'Agénois envoyèrent des troupes à Luctérius. Par toutes ces mesures les Romains étoient hors d'état de se soutenir dans la Gaule sans l'arrivée de César. On le croyoit toujours retenu à Rome pour l'affaire dont j'ai déjà parlé; mais la prudence de Pompé ayant rendu le calme à la république, le conquérant des Gaules se trouva en état de partir et vint en diligence dans la province romaine. (1) Il mit des garnisons dans toutes les places et trouva moyen d'en éloigner Luctérius. De là il se rend en Vivarais, traverse les Cévènes, rempart qui semblait d'autant plus impénétrable, qu'elles étoient couvertes de neige, et arrive en Auvergne avec assez de troupes pour y répandre l'allarme. Une diversion aussi imprévue obligea Vercingétorix de revenir sur ses pas. César attendoit qu'il fit ce mouvement pour aller joindre ses légions du côté de Langres. Après les avoir rassemblées, il passa la Loire et marcha droit à son ennemi qui, après avoir repris la route du Berry, s'en étoit écarté pour aller faire le siége de la capitale des Boïens. (2)

(1) César causait dès-lors de l'ombrage à Pompé qui ne fut pas faché de le voir sortir de Rome. Dion. liv. 40.

(2) Le nom de cette capitale est *Gergobia*, au chapitre IX du 7e livre des commentaires. Mais Ortelius et Scaliger ont prétendu que le mot de *Gergobia*, a été inséré dans le texte par quelques demi-savants. *Manifesté suppositum à sciolis, nullum est boïorum oppidum nomine gergovia.* Cette conjecture paroît d'autant mieux fondée, qu'au 14e chapitre du même livre, on trouve le nom substantif de *Boia* qui ne peut s'entendre que de la principale ville des Boïens.

Vercingétorix informé de l'arrivée de César leva le siége et alla au-devant de lui, non pour lui livrer bataille, ce n'étoit pas son dessin, au contraire, il lui laissa prendre la route de Bourges, et le suivit à petite journées. Ce fut alors qu'ayant assemblé les principaux, officiers de son armée, il découvrit le projet qu'il avoit formé. « Il est nécessaire, dit-il, de changer » notre méthode de faire la guerre; tout doit se réunir » au but de retrancher les vivres et les fourages aux » Romains. (1) Vous voyez que la saison ne leur » permet pas encore de couper des fourrages; il faudra » qu'ils se dispersent pour en chercher dans les maisons » de la campagne; notre cavalerie les détruira tous les

---

Les Boïens originaires de la Gaule Aquitanique, désertèrent leurs pays dans le temps que les romains étoient gouvernés par des Rois, et s'établirent dans ce canton de l'ancienne Italie où s'est formé le duché de Parme, d'où il passèrent en Bohême, et depuis sur les frontières de la Suisse en Bavière. Lorsque César vint dans la Gaule, ils étoient alliés des Helvétiens, et furent vaincus avec eux par ce conquérant. Les Eduens le prièrent de leur accorder ces peuples dont le nombre montait à trente-deux mille, ils leur donnèrent des terres et les firent participer aux droits et aux prérogatives dont ils jouissoient.

Ortélius, en parlant des Boïens établis sur le territoire des Eduens, dit qu'ils occupèrent le pays qu'on nomme aujourd'hui *Bourbonnais*, mais il faut en distraire la partie du Bourbonnais qui dépend des diocèses de Bourges et de Clermont, et placer la capitale des Boïens; soit quelle doive être désignée par le nom de *Gergobia* ou par celui de *Boia*, entre Moulins, Bourbon-L'anci et Nevers.

(1) C'était dans cette vue qu'il avait rassemblé une nombreuse cavalerie.

» jours. Mais pour leur ôter toute ressource à cet » égard, il est très à propos de brûler tous les villages » et les châteaux qui sont entre eux et *Boia*, dans » un espace suffisant pour fourrager. Vous ne pouvez » guère vous dispenser de brûler en même temps » toutes les villes du Berri que leur assiette ou leurs » fortifications ne permettent pas de conserver, afin » qu'elles ne puissent pas servir de magasins aux » Romains, ou de retraite aux lâches. Ce parti peut » vous paroître violent, mais serait-il moins dûr pour » vous d'être immolés au vainqueur, et de voir vos » femmes et vos enfants enmenés en captivité? »

Cette résolution fut approuvée: l'on brûla dans un jour plus de vingt villes. Ce n'étoit pas assez, il falloit sacrifier Bourges dont César venoit de former le siége. (1) De là dépendoit le succès du projet du général gaulois. En brûlant Bourges, il retranchoit absolument les vivres à César, car il avoit commencé par lui couper la communication avec le pays d'où les Romains étoient venus. Toutes les villes et villages qu'ils avoient devant et à côté d'eux étoient brûlés; il ne restoit donc à leur général que l'espérance de prendre Bourges, afin de profiter des rafraîchissements que cette grande ville fourniroit en abondance à son armée. Jamais César ne se trouva peut-être dans une conjoncture plus critique. Bourges brûlé, sa perte étoit infaillible, ainsi que la liberté des Gaules; Bourges conservé, il falloit en faire lever le siége, éprouver le sort incertain

(1) Lib. 7. Cap. 13 et Seqq.

d'une ou de plusieurs batailles, avant de délivrer la Gaule des armées des Romains.

Mais il n'étoit pas aisé de persuader aux Gaulois de mettre le feu à une ville qu'on regardoit comme la plus belle des Gaules. Aussi Vercingétorix n'en vint à ce point capital que par degrés, car dans le conseil qu'il tint, il ne parla d'abord que de brûler les maisons de la campagne et les villages, on y consentit; il prouva qu'il étoit indispensable d'y ajouter les villes du Berri et des pays voisins; cet article souffrit peu de difficultés. Enfin, il proposa de brûler la capitale; il s'éleva un cri général contre lui; il eut beau se roidir et persister dans son opinion, il ne put la faire passer et fut obligé de céder. Il dut bien comprendre dès-lors, qu'il n'y avoit pas moyen de rendre la liberté aux Gaulois, puisqu'il n'avoit pas une autorité suffisante sur eux.

Vercingétorix après avoir éprouvé ces contrariétés se campa très avantageusement à cinq lieues de Bourges, en un endroit couvert de bois et de marais, où on venoit lui rendre compte de tout ce qui se passoit au siége et il donnoit ses ordres en conséquence. Il observoit tous les fourages généraux, et étoit informé de tous les détachemens de l'armée romaine quoiqu'on fit tout ce qu'on pouvoit pour lui en ôter la connaissance, qu'on marchât à différentes heures et par divers chemins. Dès qu'il voyoit les Romains dispersés loin de leur camp, il venoit les attaquer. En peu de jours il les réduisit à manquer de pain. Il s'avança ensuite plus près de la ville avec toute sa cavalerie, et se plaça sur une colline qui n'étoit séparée de l'armée ennemie que par un marais. Les Romains indignés de ce qu'il venoit les braver, ne demandoient qu'à l'attaquer, mais leur général dont la prudence égaloit la valeur, les retint, et après les avoir fait rentrer dans leur camp, continua le siége.

Le général des troupes gauloises rejoignit le gros de son armée, où il se vit accusé de trahison, de s'être éloigné sur l'approche des Romains, d'avoir enmené sa cavalerie, et laissé l'armée sans commandement. Il répondit à cela que la disette de fourage et l'avantage du poste l'y avoit déterminé; que ce mouvement lui avoit été d'autant plus utile, qu'il l'avoit mis en état de découvrir du haut de la colline le petit nombre des ennemis, et de se convaincre de leur peu de courage, puisqu'au lieu d'accepter la bataille, ils s'étoient retirés honteusement dans leurs camp; qu'il n'étoit pas homme à vouloir tenir de César une autorité qu'une victoire indubitable alloit lui assurer. (1) Au surplus, qu'il étoit prêt à se démettre de son emploi, s'ils croyoient que c'étoit plus pour s'honorer, que pour les défendre, qu'il l'avoit accepté.

Pour leur prouver que son espérance n'étoit pas vaine, il produisit sous le nom de soldats romains, des valets qu'il avait pris dans un fourage. (2) Ces malheu. reux pour obtenir la fin des maux qu'il leur faisoit

(1) Dion, dans son histoire Romaine liv. 40, a écrit que Vercingétorix avoit été lié d'amitié avec César, ce qui n'a aucune apparence et est assez démenti par le silence de César lui-même. L'auteur Grec a pu confondre Vercingétorix avec Eporédorix.

(2) Lib. 7. Cap. 20.

souffrir, furent contraints de dire que la disette étoit si grande dans leur camp, que César étoit obligé et résolu de lèver le siége dans trois jours, s'il ne prenoit la place dans ce temps-là. « Voila, ajouta Vercingé-» torix, l'obligation que vous m'avez. Une armée vic-» torieuse est à la veille d'être détruite par la faim; » j'ai épargné votre sang, et quand l'ennemi, voudroit » se sauver par une fuite honteuse, il ne sera reçu » nulle part; j'y ai pourvu. Et pour prix d'un si grand » bienfait, ingrats que vous êtes, vous me soupçonnez « de trahison! » Ce reproche fut suivi d'un bruit confus: ils s'écrient que Vercingétorix est un grand capitaine; qu'on ne peut faire la guerre avec plus d'habileté; qu'il mérite toute leur estime et toute leur confiance. Ils conviennent avec lui de jetter dans Bourges dix mille hommes de troupes choisies, pour ne pas abandonner à ceux du pays, uniquement, la défense d'une place qui intéresse si fort la liberté commune.

Les assiégés se défendirent d'abord avec beaucoup d'ardeur, mais comme ils virent que l'attaque des Romains devenoit supérieure à tous leurs efforts, ils commencèrent à se décourager. Vercingétorix profita de cette circonstance pour les exhorter à abandonner la place à la faveur de la nuit. S'il avoit pu leur faire exécuter cette évasion, il y a apparence qu'il auroit en même temps brûlé Bourges suivant son projet. Les habitans de cette capitale furent sur le point d'en sortir; leurs femmes qui s'apperçurent de cette résolution, employèrent d'abord les priéres et les larmes pour les en détourner, mais voyant qu'ils y persistoient, elles en donnèrent connoissance aux Romains. Alors les assiégés craignant d'être coupés dans leur retraite, abandonnèrent leur dessein.

Une grande terrasse élevée en vingt-cinq jours de temps contre la place, attiroit toute l'attention des Gaulois; mais César avoit d'autres vues. Bourges étoit une ville extrémement grande; il étoit difficile que le rempart fut garni partout: il épioit l'occasion d'une escalade, une grande pluie lui en facilita les moyens. Les murs gardés négligemment furent bientôt remplis de soldats romains. L'allarme se répandit dans toute la ville, chacun songea à prendre la fuite; mais en vain; les vainqueurs firent main basse sur eux de toutes parts, et de quarante mille personnes, à peine s'en sauva-t-il huit cents qui arrivèrent au camp de Vercingétorix; il les reçut dans le silence de la nuit avec beaucoup de précautions, de peur que la compassion qu'ils pourroient exciter, ne causât quelque révolte. Il envoya même au-devant d'eux des officiers de confiance et les commandants de chaque province, pour les séparer et les faire conduire dans le quartier de leurs compatriotes. (1)

Le lendemain il convoqua une grande assemblée où il exhorta pathétiquement les Gaulois, à ne point se décourager. « Ce n'est point, leur dit-il, par une supé-
» riorité de valeur que les Romains ont pris Bourges,
» mais par l'intelligence qu'ils ont des siéges; je voulois
» brûler cette ville, parce que je prévoyois l'échec qui
» est arrivé. Je voulois du moins qu'on l'abondonnât
» plutôt que de s'opiniâtrer à la défendre; mes inten-
» tions n'ont pas été secondées. C'est à l'imprudence des

(1) Liv. 7. Cap. 24 et Seqq.

» Berruyers qu'il faut s'en prendre, et à la trop grande » complaisance des autres; la guerre ne doit point » écouter la pitié. Néanmoins cette perte sera réparée » avant qu'il soit peu. J'ai travaillé avec succès à réunir » tous les peuples des Gaules ; bientôt ils ne feront » qu'un seul corps avec lequel on pourroit conquérir » le monde entier. Soyez donc surs d'un concours » général pour exterminer les Romains, mais en attendant » j'exige de vous, qu'à leur exemple, vous vous » accoutumiez à fortifier votre camp. »

Les Gaulois ne purent s'empêcher d'admirer la constance de leur général et les ressources de son génie: ils furent plus persuadés que jamais de sa sagesse et de sa prévoyance, puisque si on ne lui avait pas résisté, et qu'on eut brûlé Bourges, comme il le voulait, on aurait évité un si grand revers. Ordinairement les mauvais succès décréditent un général; mais dans cette occasion, ils n'inspirèrent à ces peuples que plus de confiance et d'attachement pour le leur, plus d'attention à suivre ses ordres, plus de patience à supporter les travaux qu'il leur prescrivoit. Depuis ce jour là, ils commencèrent à fortifier leur camp. De son côté, il ne négligea rien pour effectuer ses promesses : il envoya dans les différents États de la Gaule des négociateurs insinuants qui surent plaire à leurs chefs et les persuader, de manière qu'il en reçut en peu de temps des renforts considérables.

César trouva de grands magasins de vivres et de fourages dans Bourges, cela vint à propos pour rafraîchir son armée. Après qu'il y eut fait un séjour suffisant, il fut obligé de se rendre à Decize, pour terminer un différent qui s'étoit élevé entre deux seigneurs éduens; ensuite il divisa ses forces : il envoya vingt mille hommes du côté de Sens et de Paris, sous la conduite de Labiénus, et conduisit le reste en Auvergne, bien résolu de tirer vengeance de cette province. Étant arrivé aux bords de l'Allier, il trouva que Vercingétorix avoit fait couper tous les ponts, et qu'il avoit dispersé partout des détachements de cavalerie pour empêcher les Romains d'en construire; il prit donc le parti de côtoyer la rivière. Vercingétorix marchoit vis-à-vis, à l'autre bord. (1) Ils campèrent ainsi pendant quelques jours, presqu'en face l'un de l'autre. Toute l'appréhension de César étoit de perdre le fruit de cette campagne, l'Allier n'étant bien gayable ordinairement qu'en automne. Il s'avisa enfin d'un stratagême qui lui réussit : un jour qu'il étoit campé dans un lieu couvert de bois, vis-à-vis un des ponts que Vercingétorix avoit fait rompre, il s'y arrêta avec environ dix mille hommes qu'il avoit eu soin de tirer de toutes ses légions, afin que le nombre n'en parut point diminué. Le lendemain, il fit partir ses légions avec tout le bagage, à l'ordinaire, et quand il jugea qu'elles étoient arrivées à l'endroit où elles devoient camper, il fit refaire le pont en diligence, sur les pieux inférieurs qui subsistoient en leur entier, et après avoir passé dessus, il fit revenir le reste de ses troupes et se retrancha en un lieu avantageux. (2) Le Général auvergnat pour n'être point obligé

---

(1) De Bell. Gall. Liv. 7. Cap. 35. Dion. Hist. Liv. 40.

(2) Pour déterminer l'endroit où César passa l'Allier, il faut considérer 1° qu'il vint de Decize aux bords de cette rivière, c'est-à-dire, qu'il la joignit du côté de Moulins, 2° il ne la passa pas là, puisqu'on lit dans ses commentaires et dans Dion, qu'il la côtoya pendant quelques jours ; il prit donc la route de Bessai et des Échirolles, et ne put point passer dans tous

de combattre malgré lui, prit les devants. César arriva de là à Gergobia en cinq campements. Dès qu'il eut considéré la situation escarpée de cette place, (1) il désespéra de la prendre. Il y eut ce jour-là une escarmouche de cavalerie.

Vercingétorix étoit campé sous les murs de la ville avec toutes ses troupes partagées en divers quartiers, selon les divers États et communautés de la Gaule. Son armée disposée en amphithéatre sur la montagne de *Gergobia* et sur celles des environs, offroit un spectacle

---

ces endroits, ni au-dessus jusqu'à Varennes, parce que la rivière n'a point de lit certain dans cette partie de son cours, et qu'elle y dépose des sables mouvants qui ne permettent pas d'y enfoncer des pieux pour construire un pont solide, tel que celui que César fit refaire. Mais à la hauteur de Varennes et à peu de distance de cette petite ville, le pays est couvert de bois, le lit de l'Allier est resserré, et le fond en est bon. De là à *Gergobia*, il y avoit quinze lieues, et le chemin étoit praticable pour une armée. D'où je conclus que ce fut à Varennes que César passa l'Allier.

(1) *Quæ posita in altissimo monte omnes aditus difficiles habebat.*

Cette description convient fort à la montagne qu'on nomme aujourd'hui *Gergoïa*, située à une lieue de Clermont. Ce point de critique intéressant sera l'objet d'une dissertation séparée. On se bornera ici à observer que le mot celtique *Gergobia*, pouvoit signifier *place de guerre escarpée*, *Ger-gau-bias*. Car 1° *Ger* qu'on prononçoit *Guer*, est la même chose que *Bellum*, Guerre. *German*, signifioit *homme belliqueux*. 2° *Gau*, en langue teutonne dont le celte n'étoit qu'un dialecte, signifioit comme il signifie encore en allemand, *place*. 3° *Bias*, en Anglais, langue plus d'à moitié celtique, signifie *pente*, *penchant* d'où vient notre mot de *biais*. Suivant cette explication, il faut lire *Gergobia* et non *Gergovia*. Et c'est Gergobia qu'on lit dans les anciens manuscrits de César, dans Dion et dans les anciens titres d'Auvergne, conservés dans les archives de l'Abbaye de Saint-André, *in Gergobia et in circuitu ejus*. Ce n'est que d'après Strabon qu'on a substitué dans César *Gergovia* à *Gergobia*, parce qu'on lit dans ce géographe, *Gergoviam oppidum Arvernorum*. (Trad.)

formidable. Il n'oublioit rien de toutes les précautions que peut prendre un capitaine vigilant. Tous les jours, au lever du soleil, les principaux de chaque état qui avoient place dans le conseil, entroient dans sa tente pour prendre ses ordres; tous les jours pour tenir la cavalerie en haleine, il l'engageoit dans quelque combat. Voila la beauté du commandement.

Le but que je me suis proposé dans ce mémoire, ne me permet point de rapporter les différents événemens de ce siége ; il suffit ici d'observer qu'après plusieurs incidents, César crut qu'il n'avoit rien à faire de mieux, que de se retirer honnêtement de devant la capitale de l'Auvergne, sans qu'on put faire passer sa retraite pour une fuite. (1) Mais comme tous les hommes ont un penchant naturel à faire usage des moyens qui leur ont une fois réussi, il voulut tenter auparavant une surprise.

S'étant apperçu que la montagne étoit dégarnie d'un côté, il donne ordre à ses lieutenants de s'en emparer, et de profiter des avantages que la fortune leur offriroit. Il les prévient surtout de contenir les soldats, de peur qu'ils ne s'engagent trop avant pour un désir de gloire ou de butin, de prendre garde au désavantage du lieu, de songer, en un mot, qu'il s'agit d'un coup de main et non d'un combat. Les assiégés avoient fait vers le milieu de la montagne, une muraille sèche, d'environ six pieds de haut, avec de grosses pierres, pour rompre, en cas de besoin, le prémier effort des assié-

(1) Ne profectio nata a timore defectionis, similis fugœ videretur.

geants. Ceux-ci franchîrent cet obstacle, et se rendirent maîtres de trois quartiers avec tant de diligence, que Teutomat, Roi d'Agen, qui s'étoit couché pour faire la méridienne, se sauva à grand'peine sans pourpoint, et eut un cheval tué sous lui.

César prétend qu'il avoit ordonné à ses troupes de s'arrêter ; qu'il fit sonner la retraite, et que la dixième légion à qui il avoit déclaré ses intentions fit alte ; mais que les autres qui n'avaient pas oui le son de la trompette, dans l'ardeur de se signaler, allèrent malgré la résistance de leurs officiers généraux, jusqu'aux murs de la ville. Fabius, Centurion de la huitième légion soulevé par trois des siens, se guinda sur la muraille et fut suivi de plusieurs soldats. Petréius, un de ses camarades essaya de rompre une porte ; leurs efforts ne furent pas heureux. Le prémier et ceux qui étoient montés avec lui, furent précipités au bas du mur. Le second mourut en combattant vaillamment. Les Romains pressés de toutes parts, lachérent le pied après avoir perdu quarante-six centurions. Vercingétorix les poursuivit l'épée dans les reins jusqu'au bas de la montagne. Cependant s'il faut s'en rapporter à César, il ne perdit pas plus de sept cents hommes. Mais cet endroit est sans doute un de ceux qui avoient fait dire à Pollion, que les commentaires de la guerre des Gaules n'étoient pas écrit avec toute la bonne foi possible, (*Parum integra fide scriptos* ,) car Orose nous assure qu'une bonne partie de l'armé romaine y fut défaite, et que César fut obligé de s'enfuir ailleurs. (1) Un grand Prélat d'Auvergne du 5e siècle, nous apprend que la

(1) Oros. Lib. 6 Cap. 2.

fortune de ce fameux capitaine, ne fut jamais en plus grand danger, que dans cette occasion, et qu'il fut repoussé si vivement, que ses soldats eurent peine à se maintenir dans leur camp après s'y être retirés.

.... Testis mihi Cæsaris esto,
Hîc nimium Fortuna pavens, cum colle repulsus
Gergobiæ, miles castris vix restitit ipsis. (1)

Ce qu'il y a de sûr, c'est que le général romain, après cet échec, se retira plus vite qu'il n'était venu, et arriva le troisième jour sur les bords de l'Allier, au même endroit où il avoit passé cette rivière (2) et tira vers Autun, sans être poursuivi. Il y a lieu de croire que Vercingétorix content d'avoir affoibli et humilié son rival en l'obligeant de lever le siége, ne voulut pas s'exposer à perdre, en le poursuivant, le fruit d'une si belle victoire; et il eut été fort sage sans doute au Roi des Auvergnats, de s'en tenir à cet avantage et de se borner à la défense de son pays, après avoir éprouvé à Bourges, les contrariétés et la désobéissance des Gaulois. Mais l'ambition dont il étoit animé lui permit

---

(1) Sid. Appol. Carm. 7. v. 150.

(2) Nouvelle preuve que le passage de l'Allier, par César, doit être fixé à Varennes, car s'il avoit passé cette rivière à Moulins, ou plus bas, le seul chemin qu'il auroit pu tenir en s'en retournant, eut été de passer par Gannat, Jenzat, Chantelle-la-Vieille, et de là coupant sur la droite, il auroit pris le chemin qui va de Montmarault à Moulins. Mais par ce long circuit, comment serait-il arrivé le troisième jour sur les bords de l'Allier, au même endroit où il avoit fait reconstruire un pont ?

d'autant moins de faire ces réflexions, que ceux d'Autun qui s'étoient révoltés l'appellèrent pour faire la guerre de concert avec eux. Lorsqu'il fut arrivé, ils lui disputèrent le commandement général ; mais lui, n'ayant pas voulu le céder, on remit la chose à la décision des Etats. Ils furent convoqués dans Autun, qu'on nommoit alors *Bibracte* ; les Gaulois y vinrent en foule, et tout d'une voix, Vercingétorix fut confirmé dans son généralat. (1) Néanmoins Eporédorix et Virdumare, seigneurs autunois, ne lui obéirent qu'à regret, *Inviti parent*, ce qui aurait dû dégoûter, de nouveau le chef des Gaulois de commander des peuples moins jaloux de leur liberté, que de sa gloire.

La preuve que Vercingétorix n'étoit pas persuadé de l'unanimité des Gaulois, est la précaution qu'il eut de se faire donner des otages de tous côtés, et le dessein qu'il forma de ne pas livrer bataille; de se contenter, comme il avoit fait, de battre la campagne avec une nombreuse cavalerie, afin de retrancher les vivres et les fourages aux Romains. S'il avoit persévéré dans cette résolution, il auroit donné beaucoup de peine à César. Mais se croyant maître de la campagne, et voyant que son ennemi marchoit par la frontière de Langres vers la Franche-Comté, pour aller secourir la province romaine, il assembla ses principaux officiers, leur dit que cette retraite des Romains pouvoit suffire pour la liberté des Gaules, mais qu'il falloit les attaquer dans leur marche pour leur ôter toute espérance de retour,

---

(1) *Ad unum omnes Vercingetorigem probant imperatorem.*

parce qu'autrement ils reviendroient avec de plus grandes forces, et ne cesseroient jamais de les harceler.

Dès le lendemain, il fit ses dispositions: sa cavalerie fut divisée en trois gros. Deux eurent ordre de fondre sur les aîles de l'armée romaine, l'autre l'attaqua de front. La cavalerie ennemie fit tête à celle de Vercingétorix dans la même disposition; les Gaulois se battirent mal, ils prirent la fuite de peur d'être enveloppés, et furent taillés en pièces par la cavalerie allemande que César avoit pris à son service. (1)

Ce revers de fortune que Vercingétorix s'attira par sa précipitation, l'obligea de se retirer du côté d'Alise en Auxois (Alexia) place extrêmement forte. Son arrière-garde fut attaquée dans cette marche, et il y perdit environ trois mille hommes. Il lui en restoit encore, indépendamment de sa cavalerie, quatre-vingt mille, avec lesquels il s'enferma dans Alise. (2)

Funeste résolution! c'est la plus grande faute que Vercingétorix put faire. Au lieu de jeter vingt mille hommes dans cettte place et de tenir la campagne avec le reste de son armée, il achève de décourager les Gaulois en se renfermant; il s'expose lui-même à lignominie de devenir le prisonnier de celui dont il a été le vainqueur!

César attentif à profiter d'une si belle occasion employa tout ce que l'art de la guerre lui avoit appris pour

(2) Dion. Hist. Lib. 40.

(2) Diodore de Sicile raconte qu'Hercule, en revenant de l'Iberie, jeta les fondemens d'Alesia dont le nom fait allusion aux voyages ou erreurs (en Grec) de son fondateur; Salluste dit qu'Hercnle y mourut. Quoiqu'il en soit, les ruines d'Alesia ou Alise existent encore auprès de Flavigny en Bourgogne, sur le Mont-Auxois, entre deux petites rivières, l'Oze et l'Ozerain, qui se jettent dans la Brenne.

attaquer les places. Son adversaire n'attendit pas que les retranchemens des Romains fussent finis pour renvoyer sa cavalerie. Il lui donna ordre de s'en retourner dans son pays et d'en ramener tous ceux qui seroient en âge de porter les armes. Il y exhorta les gaulois par des motifs pressants et pathétiques fondés sur les grands services qu'il avoit rendus à toute la Gaule, et l'ingratitude dont ils seroient coupables, s'ils abandonnoient leur libérateur à la discrétion d'un ennemi vindicatif. Il se fit ensuite apporter l'état des vivres qui étoient dans la place, et en régla la distribution de manière qu'ils pussent suffire jusqu'à l'arrivée du secours.

L'attention de César le porta à se fortifier dans ses retranchemens par des ouvrages sans nombre. Les principaux étoient deux circonvalations, l'une extérieure contre ceux qui voudroient secourir la place, l'autre intérieure contre les attaques des assiégés; celle-ci étoit faite avec tant de soin, que l'évasion de Vercingétorix devenoit presqu'impossible.

Cependant différents peuples de la Gaule fournirent des troupes : la revue générale s'en fit dans Autun. Leur nombre se trouva monter à huit mille chevaux (1) et environ deux cent quarante mille hommes de pied, sous le commandement de quatre chefs: Eporédorix et Virdumare éduens, Comius d'Aras, et Vergasillaune, auvergnat, parent de Vercingétorix.

---

(1) Je ne sais ou Montagne avoit pris qu'il y avoit cent neuf mille chevaux dans cette armée. Voy. ses essais liv. 2 cap. 34. Si l'on doit suivre le témoignage de quelqu'un, il me semble que c'est celui de César. Vercingétorix ne voulut pas une plus nombreuse cavalerie, 1° parce quelle l'avoit mal servi, 2° par la difficulté de trouver des fourages, 3° parce qu'il étoit question d'attaquer des retranchemens, ce qui n'est pas le fait de la cavalerie.

Les deux prémiers n'avoient reconnu que malgré eux l'autorité du général de l'armée gauloise. Ils étoient, de plus, redevables l'un et l'autre à César de leur fortune, surtout Virdumare que le romain, à la recommandation de Divitiac, avoit élevé à des emplois auxquels sa naissance ne lui permettoit pas d'aspirer. (1) Comius d'Aras avoit eu de grandes liaisons avec César; Vergasillaune étoit le seul qui ne fut pas suspect. (2) A quoi servent les plus grandes forces lorsque les chefs qui les dirigent sont susceptibles de jalousie ou d'infidélité?

Déjà les assiégés ayant consommé leurs vivres sans que le secours arrivât, se livroient à la lâcheté et au désespoir. Critognat seigneur d'Auvergne, d'une grande naissance et d'un grand crédit, fit à cette occasion une harangue si nerveuse, quoique la conclusion en fut cruelle, que César a cru devoir en orner ses commentaires. (3) Il vint à bout de persuader et de faire décider à la pluralité des voix, qu'on mettroit dehors toutes les bouches inutiles, et au cas que cela ne suffit pas, qu'on soutiendrait la vie des assiégés par la mort de ceux que leur âge rendoit inhabiles à la guerre.

Sur ces entrefaites, le secours arrive et vient se placer sur une montagne, à un demi-quart de lieue du camp de César. Il y eut un combat de cavalerie où les Gaulois eurent d'abord l'avantage, mais la cavalerie allemande qui avoit déjà servi si utilement le général romain, fit bientôt pencher la balance de son côté.

---

(1) Lib. 7. Cap. 45 et Sup. Cap. 39.

(2) Lib. 7 Cap. 76.

(2) Lib. 7. Capp. 77. 78.

L'infanterie gauloise attaqua de nuit les retranchemens de César; l'attaque fut molle ou mal ordonnée; les retranchemens ne furent forcés nulle part, et le jour commençant à paraître, les Gaulois se retirèrent.

Vergasillaune demanda à être chargé seul d'une seconde attaque, et l'obtint. Il choisit soixante mille hommes et se mit à leur tête; il entra dans les retranchemens et fut sur le point de les emporter; il aurait réussi infailliblement, si les autres généraux avoient attaqué les Romains par quelqu'autre endroit. Mais comme le danger étoit d'un seul côté, César y porta successivement toutes ses forces, et vint à bout, après un combat très opiniâtre, de faire tourner le dos aux Gaulois, et les fit poursuivre par sa cavalerie. Sédulius, prince de Limoges, fut tué dans cette retraite; Vergasillaune eut le malheur d'y être fait prisonnier, et ses troupes furent taillées en pièces. Vercingétorix qui avoit fait une sortie voyant ce massacre rentra de désespoir dans la place. Les Gaulois confédérés, sur la nouvelle de ce mauvais succès, abandonnèrent leur camp, la cavalerie de César en fit encore un grand carnage et ramena un grand nombre de prisonniers. (1)

Le lendemain Vercingétorix tient conseil: il représente que ce n'est point par un intérêt personnel qu'il s'est chargé de la conduite de cette guerre, mais pour la liberté commune; que puisqu'il faut céder à la fortune, il consent qu'on l'immole aux Romains, ou qu'on le livre vivant entre leurs mains, s'il faut qu'il soit sacri-

(1) Cap. 83.

fié. (1) Il vit bien que c'étoit à ce prix qu'on vouloit appaiser César.

En effet les assiégés plus occupés de leur salut que du sien, envoyèrent des députés au vainqueur. Il ordonna qu'on lui apportât les armes et qu'on lui livrât les chefs; il goûta le fruit de sa victoire avec une espèce de sensualité, car il s'assit dans son tribunal entouré de ses principaux officiers. Vercingétorix sortit de la ville richement armé, monté sur un cheval superbe. (2) Ce prince étoit d'une taille très avantageuse, et il avoit si bonne mine sous les armes, que les spectateurs en furent émus. Il fit un cercle autour du vainqueur, ensuite il descendit, jeta ses armes et se mit à ses pieds sans parler. Il demeura en cet état jusqu'à ce qu'on le remit à une garde pour le conduire au triomphe de César. On ne lit point ces particularités dans les commentaires de la guerre des Gaules; César à jugé à propos de les supprimer, soit qu'elles fissent peu d'honneur à sa clémence, soit qu'il ait voulu ménager les Auvergnats pour qui, il eut beaucoup d'égards, jusqu'à leur rendre touts leurs prisonniers. Mais elle nous ont été conservées par Plutarque et par Dion. Ce dernier nous apprend encore que César ayant fait conduire Vercingétorix à Rome, le fit mourir après l'avoir mené en triomphe. (3)

Telle fut la catastrophe qui termina les jours d'un héros né pour régner sur toutes les Gaules, et pour

(1) Lib, 7 cap. 89.

(2) Plut. in Cœsare. Dion. Hist. lib. 40.

(3) Dion. His. Lib. 40.

porter la terreur jusque dans le centre de la République romaine, s'il avoit pu modérer son ardeur et son ambition pendant une année ou deux.

C'est une réfléxion qui a été faite par Plutarque le plus habile et le plus judicieux écrivain de l'antiquité. « Si Vercingétorix, dit-il, avoit différé de si puissants » préparatifs jusqu'à la guerre civile qui s'alluma » bientôt entre César et Pompé, il auroit causé aux » Romains des allarmes pour le moins aussi vives, que » celles qu'ils eurent dans le temps de l'invasion des » Cimbres. » (1)

Ce fut apparemment, par des vues de cette espèce, que Gobanition et les seigneurs les plus prudents de l'Auvergne, désapprouvèrent l'essor prématuré que le fils de Celtillus voulut donner à sa valeur.

---

(1) Plut in Vit. Cœsar.

REMARQUE

SUR LE NOM.

DE

VERCINGÉTORIX.

Moréri dans son dictionnaire historique a cru que *Vercingétorix* n'étoit que ce mot gaulois latinisé *Erric-Ric*, comme qui diroit *Henri Roi*. Cette étymologie est hors de toute vraisemblance. D'autres auteurs ont fait répondre *Vercingétorix* à *Verrsinrich*. Mais ce n'étoit point à coup sûr la prononciation celtique, car les Romains ont tâché de l'exprimer avec leurs caractères. (1) Or le *C*, chez les latins, avoit toujours la prononciation du *K;* ils prononçoient *Kaissar*, *Kikero;* à l'égard du *G*, il le faisoit sonner partout comme dans *Rego*. De plus ils n'avoient aucun autre son pour exprimer celui de *CH*, à la fin d'une syllabe, que leur lettre *X*. Ainsi pour rendre le son de la syllabe *Rich*, ils écrivoient *Rix*. Cela posé, *Vercingétorix* étoit la même chose que *Ouerkingtorich*, ou *Wer-king-too-rich*, qui signifioit en celte, *Grand Roi extrêmement puissant*. Car *Ver* répondoit au mot latin *Ingens*, comme nous l'apprenons par ces deux vers de Fortunat :

Nomine Vernemetis voluit vocitare vetustas,
Quodquasi fanum ingens gallica lingua sonat.

King, signifioit *Roi*. Les Anglois ont conservé ce mot. *Too* est un adverbe qui désigne l'excès. Reste la syllabe *Rich* à laquelle nous n'avons fait qu'ajouter un *e*

(1) Voyez, méthode latine de Lancelot, traité des lettres.

muet. Mais ce mot avoit une signification plus forte autrefois parmi nous, qu'aujourd'hui, et répondoit à *puissant*, comme l'a remarqué le P. Menestrier, jésuite, dans ses recherches du Blason, sur cette Epithète d'une ancienne maison du Maine, *riche Bouillé*. Il y a apparence que le fils de Celtillus n'eut le nom de *Vercingétorix*, qu'après que les Auvergnats lui eurent donné le titre de *Roi*.

FIN.

GANNAT. — IMP. DE GONINFAURE-ARTHAUD.

www.ingramcontent.com/pod-product-compliance
Ingram Content Group UK Ltd.
Pitfield, Milton Keynes, MK11 3LW, UK
UKHW020214200726
13856UKWH00004B/1378

9 782011 285409